Was ist Social Selling

und wie funktioniert es

Überblick und Einsatzmöglichkeiten

© 2017/2018 Autor: Roger Basler

Illustration und Gestaltung: Roger Basler

Foto Autor: Andrea Monica Hug

Herstellung und Verlag:

BoD – Books on Demand, Norderstedt

ISBN 978-3746074979

9 783746 074979

Inhaltsverzeichnis

Was ist Social Selling?

Sie sind wohl bei diesem Buch gelandet, weil Sie gemerkt haben: der alte Weg um Verkäufe zu tätigen, an Neukunden zu kommen, gerade im B2B Umfeld, funktioniert nicht mehr. Während klassische Push-Massnahmen, also Werbung raus spielen mit viel Streuverlust immer weniger konvertieren also zu Verkäufen werden, gewinnen Social Media Massnahmen immer mehr an Beliebtheit. Nur: auf Social Media wollen Leute nicht kalt-akquiriert werden und so richtig verkaufen auf Facebook wird auch nicht klappen. Aber Sie wissen, dass es da was gibt, dieses "Social Selling". Nur was steckt dahinter? Bei

Social Selling geht es darum, während dem Verkaufsprozess mit Hilfe von Social Media die Kundenbindung zu stärken. Durch Social Media können Sie Interessenten auf sich aufmerksam machen und die Beziehung zu Ihrem Kunden bis zum Verkaufsabschluss aufrecht erhalten.

Social Selling ist das Angehen von Prospekts und Leads über soziale Netzwerke wie LinkedIn, Twitter, Facebook etc. Beispiele für Social-Selling-Techniken sind der Austausch relevanter Inhalte, die direkte Interaktion mit potenziellen Käufern und Kunden, das persönliche Branding und das soziale Zuhören. Social Selling gewinnt in einer Vielzahl von Branchen an

Popularität, obwohl es hauptsächlich für B2B

(Business-to-Business) -Verkauf oder hoch

angesehene Konsumentenkäufe (z. B.

Finanzberatungsdienste, Kraftfahrzeuge,

Immobilien) verwendet wird. C2C-Unternehmen

(oft als Direktvertriebsunternehmen bezeichnet)

verwenden seit langem Social-Selling-Techniken (d.

H. Beziehungsmanagement).

Aber Vorsicht: Social Selling wird manchmal mit Social Marketing verwechselt, dabei gibt es zwei grosse Unterschiede:

1. Konzentriert sich Social Selling eher auf Verkaufsprofis als auf Marketingprofis.

2. Zielt Social Selling darauf ab, Eins-zu-Eins-Beziehungen zu pflegen, anstatt Eins-zu-Viele-Nachrichten zu übermitteln.

Was brauchen Sie also um Social Selling zielgerichtet zu betreiben? Es sind 5 Dinge:

1. Ein vollständiges Social Media Profil (oder mehrere)

2. Guter Content mit dem Ziel Wissen zu vermitteln und zu helfen - das führt langfristig zu einer Autorität

3. Dialogbereitschaft: auf Kommentare eingehen, sich engagieren in Diskussionen auf Posts, Gruppen und Foren

4. E-Mail Fähigkeiten (zB via LinkedIn In-Mail oder über Twitter Direct Messages)

5. Ein Automatisierungsprozess: damit Sie die Schritte 1 - 4 beschleunigen und vereinfachen können.

Am Anfang steht das Profil

Ein persönliches Social Media Profil muss die erste Anlaufstelle eines potentiellen Kunden oder Interessenten sein. Sie haben bereits ein Facebook, LinkedIn oder Twitter Profil? Perfekt, Sie beschäftigen sich also bereits indirekt mit dem Social Selling.

Was Sie vermutlich bisher noch nicht bewusst betrieben haben ist Profil-Building, sprich, sich zu einer Autorität zu pushen. Warum also nicht loslegen? Mit sozialen Netzwerken haben Sie bereits folgende Vorteile: Sie bleiben dem Kunden vermehrt im Gedächtnis durch verschiedene

Interaktionen, Sie können sicher sein, dass Ihr Kunde Ihre direkt gesendete Nachricht erhalten hat. Weiter haben Sie eine Gesamtübersicht über die Interessen und Aktivitäten Ihrer Kunden, ohne dass Sie ihn bereits kontaktieren müssen. Was Sie brauchen ist guter, langfristig hilfreicher Content - den kennen Sie allerdings bereits, denn Sie sind ja schon Meisterin Ihres Fachs - nur wissen Sie vermutlich noch nicht, wie Sie das korrekt ausspielen (posten) sollen und was dann passiert?

Das heisst, Sie müssen lernen Ihr Social Media Profil als zusätzliches Werkzeug zu nutzen. Ein Werkzeug, welches Ihnen den Verkaufsprozess erheblich erleichtert. Gemäss dem Forbes

Magazine sind 78% der Verkäufer, die Social Media nutzen, besser als Ihre Kollegen - warum? Dieselbe Studie sagt, dass 77% der B2B (Ein-)Käufer würden vor einer eingehenden Recherche nicht mit einem Verkäufer sprechen. Also was liegt näher als eine Vor-Recherche und ein Dialog über ein Social Media Kanal wie zum Beispiel Linkedin.

Wir gehen in diesem Buch auf die Möglichkeiten und Vorbereitungen ein, und dann im Kapitel "Was möchten Sie verkaufen" darauf ein, welche Inhalte spannend sein könnten, bevor wir auf die Netzwerke, Schlüsselbereiche und das Thema Engagement eingehen. Abschliessend zeige ich Ihnen Optimierungsmöglichkeiten und Taktiken.

Warum funktioniert Social Selling?

Niemand mag Kaltakquise. Und die Chance, dass Sie dabei erfolgreich sind, ist auch ziemlich gering. 90% aller Entscheidungsträger geben an, Kaltanrufe zu ignorieren. Durch die sozialen Medien können Sie sich langsam an Ihre potentiellen Kunden herantasten und eine Beziehung aufbauen - denn: Sie sehen ja auf Social Media, welche Themen die Personen interessieren, zu welchen Schwierigkeiten sie sich äussern und welchen Gruppen sie angehören. Das nennt man "Social Listening" - also zuhören. Sie können durch dieses "Social Listening" branchenrelevante Konversationen verfolgen und so auch potentielle Interessenten aufspüren.

Durch die vielen Entscheidungshelfer, die einem heute zur Verfügung stehen, hat sich auch das Kaufverhalten des Kunden verändert. Gemäss verschiedenen Studien verwendet der durchschnittliche B2B Kunde bis zu 17 Kontaktpunkte bevor er ein Produkt kauft[1]. Das heisst, Sie müssen Ihren Kunden bereits an mehreren Kontaktpunkten abholen. Durch das Sie schon einige Informationen gesammelt haben und die Probleme Ihres Kunden kennen, können Sie ihn

---

[1] Studie von Accelerom und der Schweizerischen Post 2012 https://www.accelerom.com/wp-content/uploads/2012/08/20 11_Post_Studie-zeigt-17-Kontaktpunkte-bis-zum-Kauf.pdf

auch individuell ansprechen und ihm bereits Mehrwert bieten. 87% der B2B Kunden vertrauen den Verkäufern mehr, wenn sie diese über ihr berufliches Netzwerk kennengelernt haben. Somit verhilft Ihnen Social Selling sofort zu einem Sonderstatus bei Ihren Kunden.

Denn: wussten Sie, dass Ihre Kunden mit sehr grosser Wahrscheinlichkeit bereits "Social Buying" betreiben? Das heisst, sie informieren sich bereits im Voraus über den Anbieter ihres gewünschten Produkts. Mindestens die Hälfte des Kaufvorgangs hat der Kunde bereits erledigt, bevor er mit einem Verkäufer spricht: namentlich die Recherche und den Vergleich.

Wenn wir also den klassischen Verkaufs-Trichter

betrachten:

1. Awareness - Aufmerksamkeit & Bewusstsein

2. Interest - Interesse und Vergleich

3. Decision - Entscheidung und Anfrage

4. Action - Kauf

Social Selling ist dabei Einheit des gesamten,

digitalen Verkaufsprozesses - also das "Digital

Selling". Beim Digital Selling geht es um die

Nutzung digitaler Werte durch Aktivitäten wie Sales

Automatisierung, Online Präsentationen, digitale

Dokumente und E-Mail Prospecting. Es wird eine

Präsenz (meistens Profile, Seiten, Pages, etc) um

den Content herum geschaffen und ein System aufgebaut, welches sicherstellt, den potentiellen Kunden in ihrem Entscheidungsprozess frühzeitig zu erreichen und beeinflussen zu können.

Dazu braucht es Dialog um im richtigen Moment den Zugang zum potentiellen Lead zu erhalten. Denn Konversationen über soziale Medien sind meist ungezwungener und beliebter bei potentiellen Kunden und führen zu Konversion. Weiter vermitteln Sie durch interessanten und relevanten Content auch einen seriösen und professionellen Eindruck. Schauen wir uns einmal an, wie das genau funktioniert: Preplanning und dann Umsetzung.

Preplanning

Vor dem Start müssen einige Fragen geklärt und Entscheidungen gefällt werden.

Was möchten Sie verkaufen?

Ich nehme an, Sie haben bereits ein Produkt oder eine Dienstleistung, welche Sie verkaufen möchten. Nun ist es wichtig, was Sie mit Ihrem Produkt für einen Nutzen mitbringen. Denn diesen Nutzen müssen Sie über eigenen Content vermitteln. Sie können sich also fragen: Was vermittelt Ihr Produkt für einen Mehrwert? Was für ein Gefühl? Welches konkrete Problem Ihres Kunden wird gelöst? Wie bereichert Ihr Produkt das Leben Ihres Kunden?

Hier können Sie über Content und der Absicht

Social Selling zu betreiben viel Potenzial

herausholen.

Sie können diese Botschaften gut in Studien,

Whitepapers und Bildern und Videos vermitteln.

Gerade mit Bildern können Sie die Gefühle

visualisieren, die Ihr Produkt Ihren Interessenten

vermitteln wird. Wenn Sie diese nicht selbst

erstellen können oder wollen: Für Erklärvideos,

Infografiken und sonstige Dienstleistungen können

Sie sich zum Beispiel auf Fiverr informieren.

Wo möchten Sie verkaufen?

Haben Sie Ihre Zielgruppe bereits definiert?
Verkaufen Sie lokal, national, international? Dies
spielt in der Welt des Social Media eine grosse
Rolle. Sie müssen nämlich Ihre Kommunikation auf
Ihr Zielpublikum anpassen. Wenn Sie lokal
verkaufen, können Sie in der Muttersprache
sprechen, also meistens Deutsch. Wenn Sie
international tätig sind, dann ist Englisch sicher die
beste Wahl. Sie müssen sich auch überlegen, wie
Sie kommunizieren möchten. Möchten Sie Ihre
Leser per Du oder Sie ansprechen? Wenn Sie dies
festgelegt haben, geht es an die Kanäle.

Welche Kanäle eignen sich?

Wenn Sie Ihre Zielgruppe definiert haben, müssen
Sie ein Verständnis dafür aufbauen, wo diese auf
den sozialen Netzwerken überhaupt zu finden sind.
Aber Achtung: Sie müssen sich zuerst selbst ein
ansprechendes Profil aufbauen, bevor Sie anfangen
können, zu interagieren. Dabei müssen Sie zwar
noch keine Authorität sein, aber schauen Sie, dass
Sie ein komplettes Profil haben - mehr dazu in
späteren Kapiteln.

Wenn Sie ein Netzwerk oder eine Plattform
festgelegt haben, finden Sie heraus, wie man sich

auf den jeweiligen Netzwerken bewegt und was man wo beachten muss.

Wir empfehlen Ihnen, dass Sie sich die folgenden Kanäle genauer anzusehen: LinkedIn und Twitter (B2B), Facebook, Instagram und allenfalls Pinterest (B2C). Erfahren Sie mehr zu den verschiedenen Kanälen in Kapitel Soziale Netzwerke.

Erstellen Sie Ihr Profil

Sie haben nun entschieden, auf welchen Kanälen
Sie Social Selling betreiben wollen. Nun geht es
darum, dass Sie ersten Content, sowie ein
professionelles Profil- und Headerbild hochladen
und Ihr Profil optimieren. Sie müssen einen
seriösen, aber doch zugänglichen Eindruck
vermitteln, und vor allen Dingen überzeugen
können, dass Sie ein Experte sind.

Beschreiben Sie, was Sie tun und wie Sie helfen
können. Bieten Sie dem Interessenten jetzt schon
Mehrwert.

Dann geht es darum, dass Sie Inhalte, Texte, Eindrücke und Bilder von Ihrem Alltag, hilfreiche Tipps oder lustige Dinge, um Ihr Profil spannend und lehrreich zu halten, posten. Fragen Sie sich immer dabei: <u>Wem</u> könnte das <u>wie</u> helfen? Teilen und empfehlen Sie auch Beiträge von anderen Profilen oder "liken" Sie gute Beiträge. Machen Sie sich bekannt. Finden Sie aber auch heraus, wer bereits bekannt ist und ein sogenannter "Influencer" auf Ihrem Gebiet ist.

Sie können das übrigens auch herausfinden, via <u>influencer.world</u>, sowie für die Schweiz via den Influencer Index <u>Likeometer</u> und für die internationale Community via <u>KLOUT</u> Score sowie auf <u>Influence.co</u>.

Aktivitäten in fünf

Schlüsselbereichen

Nun haben Sie sich bereits etwas mit relevantem Content auseinander gesetzt und wissen, was unter Umständen guter Content ist, der auch ankommt. Aber eventuell sind Sie noch etwas unsicher und brauchen Hilfestellung. Diese Hilfestellung gliedert sich in einen einfachen Plan mit 5 Schlüsselbereichen, welche wir Ihnen nachfolgend vorstellen möchten.

1. Soziale Aktivitäten aber regelmässig

Sie müssen keine Ewigkeit investieren, täglich 30 Minuten Aufwand sind mehr als genug. Diese 30 Minuten teilen sich auf in 20 Minuten Content verbreiten und 10 Minuten reagieren oder auswerten auf und planen Sie sich das fix als Kalendereintrag ein.

2. Bereitstellung von Inhalten

Bieten Sie Mehrwert - die Qualitätsfrage lautet: wem hilft das wie! Es gibt verschiedene Arten, wie Sie Ihren Content zur Verfügung stellen können. Das kann durch Blogs, Videos, Checklisten etc. geschehen, aber auch mit einem Blick hinter die Kulissen, einer geteilten Erkenntnis oder einem spannenden Beitrag, den Sie zB über feedly.com erhalten haben.

3. Circle of Trust

Nun geht es darum, dass Sie Ihre Kontakte dazu bringen, mit dem Content engagiert zu werden. Anfangs wird das schwierig und Sie müssen ersten Geduld haben, Fragen stellen (zB. "Wie seht ihr das?", "Was sind Eure Erfahrungen?" etc) oder Sie helfen der Sache etwas nach: Unter Influencern ist zB sehr beliebt, dass man Beiträge gegenseitig pusht, liked und kommentiert, warum nutzen Sie das nicht selbst für sich? Fragen Sie Freunde und bekannte Unternehmen an, ob sie einen gegenseitigen "Circle of Trust" aufbauen und sich gegenseitig pushen möchten. Mit der Zeit wird sich

ein erweiterter Circle of Trust aufbauen, nämlich

der Ihrer Follower, Fans und Interessenten.

4. Engagements fördern

Je nach Plattform ist ein "Engagement" etwas

unterschiedliches. So ist es zB auf Facebook oder

Instagram ein Likes, es kann aber auch ein Retweet

sein auf Twitter, oder eine Weitergabe in anderen

Netzwerken wie LinkedIn und Xing zB via:

• Empfehlungen

• Kommentierung

• Nachrichten (öffentlich oder privat)

• Skills (Kenntnisse) bestätigen

Engagements sollten persönlich, klar und

nachvollziehbar sein. Es gilt die Regel: wer sich

engagiert, wird engagiert. Sorgen Sie also zuerst

selbst für Engagement bei anderen Accounts und

erwarten Sie dafür nichts. Es braucht Geduld und

Zeit.

5. Direktempfehlungen und Weiterleitung

Sie haben bestimmt schon den einen oder anderen

Wunschkunden im Auge? Oder jemand, den Sie

gerne angehen möchten. Versuchen Sie es einfach!

Senden Sie einen eigenen oder einen empfohlenen

Beitrag (Bild, Text, Video, Link) an Ihre

Wunschperson weiter: via LinkedIn InMail, via

Twitter DirectMessage, via E-Mail sofern bekannt.

Weisen Sie die Person darauf hin, dass Sie dies gesehen haben und dachten, es könnte helfen. Versuchen Sie dabei einen Bezug herzustellen, was die Person selbst gepostet oder geliked hat - seien Sie dabei freundlich distanziert, nicht verkäuferisch sondern helfend und erwarten Sie erstmal nichts.

Sollte sich ein Dialog entwickeln, sehr gut, versuchen Sie aber auch hier erstmal nicht etwas verkaufen zu wollen. Es gilt, warten, Dialogbereitschaft aufbauen und den eigenen Brand und das Wissen um die Themen-Autorität aufbauen und zwar auf weiteren Plattformen.

Soziale Netzwerke

Wie vorhin bereits erwähnt, müssen Ihre Profile einwandfrei sein. Der erste Eindruck zählt auch online. Das bedeutet für Sie, dass man Sie auf den ersten Blick erkennt, und auch als ansprechend empfindet. Das heisst, nun geht es darum, dass Sie dafür sorgen, dass Ihre Profile durchlässig sind, also verbunden. Verlinken Sie darum Ihre Profile miteinander, dass es auf einen Blick ersichtlich ist, wo Sie überall vertreten sind und was Sie zu bieten haben. So können Sie die Chance, dass Leute mit Ihnen in Verbindung treten werden um ein vielfaches zu erhöhen. Nutzen Sie dabei auch die Möglichkeiten von zB Linktr.ee. Denn da Sie normalerweise nur einen Link zur Verfügung haben, welchen Sie darstellen können, kommen Sie beim verbinden und verknüpfen schnell mal an Ihre Grenzen. Das können sie das verhindern, indem Sie den folgenden Dienst verwenden und aus einem Link mehrere machen. Sie haben eine unlimitierte Anzahl Links zur Verfügung. Gehen Sie dazu auf die die Website https://linktr.ee, mit welchem Sie mehrere Links verankern können. Es ist kostenlos, Sie haben unlimitierte Anzahl Links zur Verfügung und können die Klicks tracken. Zusätzlich haben Sie einige Designs zur Verfügung, um die Buttons zu gestalten. Beim Abo für 6 Euro monatlich erhalten Sie noch zusätzliche, spannende Features.

Soziale Netzwerke verstehen

<u>Xing und Linkedin</u>

Für Business zu Business sind Xing und LinkedIn die wichtigsten Kanäle. Die meisten Führungskräfte sowie auch Unternehmen sind auf diesen Netzwerken angemeldet. Social Selling spielt sich vor allem auch hier ab im B2B-Bereich. Seien Sie hier proaktiv, zeigen Sie, was Sie können. Posten Sie regelmässige Beiträge, schreiben Sie Artikel oder Blogs und teilen Sie relevanten Content. Wir empfehlen Linkedin weil es gegenüber Xing ein internationales Netzwerk ist und mehr Nutzer hat. Zudem ist es einfacher gestaltet und hat in der

Schweiz einen deutlich höheren Marktanteil als

Xing.[2]

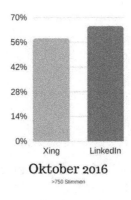

Oktober 2016
>750 Stimmen

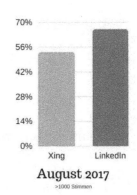

August 2017
>1000 Stimmen

Twitter

Über 140 Millionen Nutzer und 340 Millionen

Tweets pro Tag sind die besten Argumente,

weshalb Twitter für Sie wichtig ist. Auf Twitter sind

sowohl Privatpersonen wie auch Unternehmen

---

[2] Quelle: Alike.ch, 2017
https://alike.ch/linkedin-vs-xing-der-schweiz/

37

vertreten, also sowohl B2B als auch B2C. Teilen Sie auch hier interessanten Content, geben Sie hilfreiche Ratschläge oder retweeten Sie gute Tweets von anderen.

Google Plus

Google Plus ist eine Mischung aus Twitter und Facebook. Content kann sehr einfach geteilt werden und man kann sogar über kostenlose Video-Konferenzen mit seinen Kontakten kommunizieren. Derzeit probiert Google zahlreiche Möglichkeiten aus, wie zB Microblogging und aktuelle News - schauen Sie dazu einmal auf www.google.com/business vorbei.

Facebook

Facebook zählt heute eine Milliarde Nutzer und ist das grösste soziale Netzwerk. Facebook ist eher auf B2C ausgelegt, hat aber auch einige relevante B2B Features.

Schauen Sie hier vor allem auf reichweitenstarke Beiträge: Bilder, Videos und Live-Videos sind in Bezug auf die Reichweite bestens geeignet.

Kombinieren Sie diese mit interaktionsstarken Beiträgen wie beispielsweise Abstimmungen oder Umfragen regen Follower zum direkten interagieren an.

Achten Sie vor allem auf Unique Content:

Generieren Sie unterhaltsamen Mehrwert durch

besondere Angebote, Hintergrundinformationen

oder interne Einblicke.

<u>Instagram</u>

Instagram gehört derzeit zum am schnellsten

wachsenden Netzwerk und hat vor allem im

Bereich Video und Bild viele Möglichkeiten.

Vielleicht kein klassisches "Wissens" oder "News"

Netzwerk, aber gut geeignet für Blick hinter die

Kulissen, Mitarbeiter Vorstellungen und

Bildformate mit etwas Emotion.

Natürlich hat jedes Netzwerk seine individuellen Stärken, es ist allerdings die Kombination, welche den besten Effekt bringt.

Sorgen Sie gezielt für

Engagement

Unser nächster Schritt besteht darin, mit einer progressiven Engagement-Strategie Ihre Autorität zu pushen um diese dann gezielt einzusetzen. Das heisst, sorgen Sie dafür, dass Personen mit Ihnen interagieren und eine Beziehung aufzubauen möchten.

Strategisch wichtige Punkte dazu sind:

- Warten Sie den richtigen Zeitpunkt ab, um eine Verbindung herzustellen. Wenn Sie nämlich zu früh auf potenzielle Kunden zugehen, wirkt das oft aufdringlich und abschreckend.

- Was möchten Sie damit erreichen? Möchten Sie den Kunden auf Ihre Website locken oder zuerst als Follower gewinnen?

- Welchen Abläufen folgt Ihr Engagement? Sie möchten Ihrem Kunden jedes mal positiv auffallen, weswegen Sie Ihr Engagement sorgfältig aufgebaut werden sollte. Eine Beziehung wird schrittweise aufgebaut, überfordern Sie ihn nicht, geraten Sie aber auch nicht in Vergessenheit.

Wir haben Ihnen ein Beispiel zusammengestellt, wie Ihr Engagement-Plan aussehen könnte:

1. Montag und Dienstag: Sich bemerkbar machen - Beiträge teilen, liken
2. Mittwoch: Beziehung aufbauen - kommentieren, empfehlen, Artikel senden, Newsletter Links senden
3. Donnerstag: Nachricht senden - Senden Sie eine direkte Nachricht
4. Freitag: Beziehung intensivieren - Nachfassen von Nachricht vergangener Woche und gleichzeitig Beziehung festigen - weiterer Beiträge anhängen.

Optimierungspotentiale:

Twitter

Gehen wir noch kurz auf die entsprechenden Profile ein und schauen wir, ob es noch Optimierungspotentiale gibt:

Profilbild und Header

Der erste Eindruck zählt. Wählen Sie ein ansprechendes Profilfoto, meistens ist dies Ihr Logo, und einen Header, der neugierig macht oder informativ ist. Wenn Sie keines finden, gehen Sie auf pixabay.com und verwenden ein Lizenzfreies Bild, welches gut passt. Am besten sind aber immer noch eigene Bilder - das kann auch von einem Arbeitsplatz sein (aufgeräumt, keine Informationen sichtbar).

Weiter ist das blaue Häkchen von Twitter auch ein Vorteil, Sie können so Ihren Account verifizieren, was Sie noch ein bisschen professioneller erscheinen lässt. Stand Winter 2017 war der Prozess bis auf Weiteres ausgesetzt - allenfalls wird Twitter die Verifizierung wieder im Frühjahr aufnehmen.

Regelmässige Tweets

Twittern Sie wenn möglich jeden Tag, mindestens jeden zweiten Tag. Dies kann auch durch teilen eines Artikels geschehen und dank IFTTT.com (steht für IF THIS THEN THAT, (dazu später mehr) haben Sie hier viele Möglichkeiten, dies zu automatisieren wenn Sie zB feedly.com mit ifttt.com verbinden. Ein Tweet hat übrigens neu 280 Zeichen, wobei wir zwischen 70 und 140 Zeichen empfehlen, überladen Sie den Tweet nicht.

Hashtags

Sie können mit sinnvoll gesetzten Hashtags auch mehr Reichweite erhalten. Wir werden dabei immer wieder gefragt, welche Hashtags denn sinnvoll sind? Wir sagen 4 - 7 Hashtags, wovon einer sicher Ihr Name (oder die Firma), ein Thema, sowie beschreibende Keywords beinhaltet. Versuchen Sie nicht auf Trends zu setzen, seien Sie auch bei den Hashtags beschreibend und hilfreich.

80/20 Prinzip

Halten Sie sich an das 80/20 Prinzip: 80% Content, 20% kommerzielle Absichten. Überladen Sie Ihre Follower nicht und sind Sie nicht aufdringlich.

ähnliche Profile

Folgen Sie ähnlichen Profilen. So haben Sie mehrere Vorteile. Einerseits können Sie hier Ideen sammeln für Ihre nächsten Posts, andererseits können Sie so auch neue Follower generieren und

sich in der Branche auch bekannt machen. Sie
können dies über Manageflitter automatisieren.

Bilder

Spannende und schöne Bilder kommen immer gut
an. Es bringt Abwechslung in Ihren Account und
gestaltet Ihr Profil ansehnlich.

Beziehungen pflegen

Antworten Sie auf öffentliche Nachrichten,
retweeten Sie, kurz: interagieren Sie. Zeigen Sie,
dass Twitter nicht nur automatisiert ist, sondern
auch ein richtiger Mensch dahinter steckt, der die
Anliegen und Probleme seiner Follower ernst
nimmt. Schaffen Sie Vertrauen.

Tools

Tools wie Tweetdeck.twitter.com oder
hootsuite.com helfen Ihnen, Themen und Inhalte
finden, die für Sie relevant sind und in denen Sie
sich aktiv beteiligen können. Mit
analytics.twitter.com können Sie ebenfalls Ihren
Account analysieren, interpretieren und
optimieren.

IFTTT

Wir haben vorher IFTTT.com erwähnt. Das steht für
If This Then That. IFTTT ist ein
Automatisierungsservice, mit denen Sie
beispielsweise eine Automatisation einrichten

können, dass alles, was Sie auf Facebook posten, automatisch auch auf Twitter veröffentlicht wird. HootSuite.com und Buffer.com sind weiteree Social-Media-Management-Tools, mit welchem Nutzer Updates für jede Seite oder jedes Profil für Facebook, Twitter, LinkedIn, Google+, Instagram, WordPress und andere Plattformen planen und veröffentlichen können.

Versuchen Sie es einmal aus und testen Sie. Wir empfehlen Ihnen nicht alles zu automatisieren aber spielen Sie einmal mit dem einen oder anderen Dienst und schauen Sie, ob Sie sich damit anfreunden können.

Optimierungspotentiale:

LinkedIn

Gerade LinkedIn ist ein starkes Social Selling Tool und eine Plattform, die es Dank Artikel posten, Unternehmensseiten und Gruppen ermöglicht zahlreiche Anknüpfungspunkte zu nutzen. Gehen wir einmal kurz auf ein paar Optimierungsmöglichkeiten ein.

URL anpassen

Was viele nicht wissen, ist, dass man seine URL

anpassen kann. Bei der Erstellung des Profils

generiert LinkedIn eine zufällige URL,

beispielsweise:

https://www.linkedin.com/in/max-m%C3%A4ste-323489466b119/

Sie können diese aber unter den Kontaktdaten

abändern zu:

https://www.linkedin.com/max-muster

Mit einer einfachen URL werden Sie schon einmal

einfacher gefunden und können es, wenn Sie

möchten, auch auf Ihre Visitenkarten kopieren.

Kontaktdaten anpassen

Kontaktdaten wie Ihre E-Mailadresse, Telefonnummer etc. sind nur für Ihre vernetzten Kontakte sichtbar.

Setzen Sie Ihre wichtigsten Angaben in Ihre Beschreibung, damit einem Interessenten gleich diese Kontaktmöglichkeiten geboten sind.

Erwähnen Sie auch unbedingt, wie Sie Personen helfen können und worauf man Sie ansprechen darf.

Updates / Artikel

LinkedIn hat die Möglichkeit über Updates auch ganze Artikel zu posten. Gemäss Studien von Hubspot gibt es zwei Arten von Content, die am meisten geteilt werden: Branchentrends und "How-to-Artikel". Es liegt also nahe, dass auf LinkedIn informative und Trend-relevante Inhalte gesucht werden. Weniger beliebt sind hingegen Werbe-Inhalte. Bieten Sie darum immer einen Mehrwert und zeigen Sie Ihr Können in Portionen! Das Stichwort liegt auf "portionieren", das heisst, lieber ein paar wenige Bits und Pieces und dafür regelmässig als ellenlange Abhandlungen. Und verzichten Sie auf aufdringliche Call-to-Actions, also Handlungsaufforderungen, in denen Sie

sagen, was ein Leser oder eine Leserin zu tun hat.

Ein Call-to-Action, oder auch

Handlungsaufforderung genannt, ist beispielsweise

das bekannte "jetzt kaufen".

LinkedIn ist ein riesiges Thema, wir haben

dazu drei verschiedene E-Books

geschrieben - diese finden Sie unter

anderem auf Amazon unter dem Stichwort

"LinkedIn - das optimale Profil".

Optimierungspotential:

Persona

Um auf den Social Media Profilen Erfolg zu haben, müssen Sie natürlich auch die richtigen Personen ansprechen und mit diesen langfristig vernetzt sein. Was aber, wenn Sie es noch nicht so genau wissen, wer ihr idealer Ansprechpartner sein könnte? Wenn Sie noch auf der Suche sind, wer Ihr perfekter Kunde ist?

Es ist oftmals ein Huhn-Ei Problem: was kommt zuerst, der richtige Inhalt der zum Kunden führt oder der richtige Kunde, der zum Inhalt inspiriert?

Grundsätzlich kann man mit einer vagen Beschreibung auch vage Ergebnisse erhalten. Will heissen: wenn Sie nicht zielgenau in der Ansprache sind und nicht genau definieren, wen Sie eigentlich abholen und ansprechen möchten, werden Sie auch in den Reaktionen unterschiedliche Tendenzen haben - was nicht unbedingt das Ziel sein sollte. Dennoch tun sich viele Menschen schwer, sich festzulegen. Das "Paradox of Choice" also die unglaubliche Auswahl lähmt eine Festlegung und trotzdem müssen wir uns festlegen und später ausweiten. Vertrauen Sie uns hier: es ist einfacher ein genaues Bild zu haben und eine klare Antwort sprich Reaktion zu erhalten, wenn Sie Social Selling betreiben möchten.

Entwickeln Sie Ihre ideale (Social Buyer-)Persona

Es gibt grundsätzlich zwei Wege um eine ideale Käufer-Persona, sprich Buyer-Persona zu erstellen. Sie können zum Beispiel hingehen und sich fragen: mit wem würde ich am ehesten einen Kaffee trinken und über meine grössten Business Herausforderungen sprechen? Wer müsste und dürfte alles am Tisch sitzen? Vermutlich wird es eine Person sein, von der Sie etwas lernen können, Respekt haben aber dennoch einen guten Zugang finden. Sie teilen Interessen und Möglichkeiten, allenfalls dasselbe Geschlecht, Alter oder zumindest sehr ähnlich. Formulieren Sie dies einmal und fügen Sie der Persona

Wunschbranchen hinzu, also Branchen / Industrien,

in welchen Sie gerne diesen Austausch suchen

würden.

Eine weitere Möglichkeit besteht, wenn Sie bereits

bestehende (Kunden-)Daten verwenden. Das

heisst, Sie starten mit:

1. Bestehende Kunden, die das Potenzial

   haben, weiter zu kaufen und tatsächlich auf

   höherem Niveau zu kaufen.

2. Ehemalige Kunden, die Sie immer noch

   haben möchten und bei denen Sie die

Chance haben, sie wieder in die gewünschte Richtung zu bringen.

Wie sieht es nun aber aus mit der Ansprache? Den Themen und Inhalten? Nun wenn es einen bestehenden Kunden betrifft, können Sie gewiss analysieren, was Sie in der Vergangenheit an Inhalten herausgespielt haben oder welche Fragen an Sie herangetragen wurden und wie viel davon zurück kam an Reaktionen und Engagement.

Davon können Sie ableiten, was das Potential ist, wenn Sie diese Persona nun vermehrt involvieren oder angehen möchten und den Inhalt entsprechend zu schneidern.

Etwas anders sieht es bei den noch unbekannten Personas aus. Potenzielle Kunden müssen Sie zuerst testen, schauen was zurück kommt und wie die perfekte Ansprache ist.

Guter Content ist alles?

Man hört es oft: wenn ich doch nur wüsste, was die Zielgruppe interessiert und wenn ich doch nur die Zeit hätte, mich um guten Content zu kümmern! Nun, die Zeiten für Ausreden sind definitiv vorbei. Denn wer reden will, muss erstmal zuhören lernen.

Was ist gutes Content Marketing?

Content Marketing ist im Social Selling essentiell. Sie brauchen regelmässige Inhalte für Ihre Social Media Kanäle, um für Ihre Follower spannend zu bleiben und seriös zu wirken. Ihr Produkt und Ihr

Brand steht dabei bewusst nicht im Vordergrund, sondern die Themen und Probleme der potentiellen Zielgruppe. So kann Content auf viele verschiedene Arten vermittelt werden, beispielsweise als Blog, Videokurse, Whitepaper, Checklisten und natürlich als Social Media Beiträge. Auch hier kann man nochmals unterteilen und gerade Social Media Beiträge können sehr vielfältig sein. Es kann über ein aussagekräftiges Bild bis hin zu einer Vorschau zu einem Blogbeitrag oder einem Ein-Satz-Tipp zu einem Thema sein.

Joe Pulizzi, Gründer des Content Marketing Institute: "Content marketing is marketers becoming publishers; owning the media instead of renting it. Attracting and retaining customers by creating / curating valuable, compelling and

relevant content to maintain or change behavior."

Wie aber kommen Sie nun zu guten Inhalten? Wir

haben es angetönt: durch zuhören, sprich "Social

Listening". In einer ersten Phase hören Sie nur zu

und lernen zu verstehen. Schauen Sie genau hin,

welche Arten und welche Themen publiziert und

geliked werden. Was kommt gut an? Sind es die

Themen, ist es die Art? Versuchen Sie Rückschlüsse

zu ziehen aufgrund von Timeline Posting,

Gruppenbeiträgen oder Blog-Artikeln im

relevanten Umfeld und dann testen Sie! Ja Sie

haben richtig gehört: testen Sie! Haben Sie Mut

einmal etwas zu posten das nicht perfekt ist aber

das muss es auch nicht, denn wissen Sie schon Ihr

Ziel genau? Was wollen Sie mit Ihrem Content denn erreichen? Vermutlich erstmal Aufmerksamkeit und Glaubwürdigkeit oder?

Welches Ziel verfolgt Content Marketing?

Durch gezieltes Content Marketing vermitteln Sie Ihrer Zielgruppe das Gefühl, dass Sie ein Experte in Ihrem Gebiet sind und können so eine Kundenbindung aufbauen, das aber braucht Zeit und Geduld und Sie müssen zuerst zuhören und dann eigene, also Unique Content rausspielen, diesen fördern, teilen und empfehlen über Direkt Nachrichten.

Sie müssen dabei sehr ehrlich mit sich selbst sein, wenn es zB zu keiner Reaktion folgt. Keine Antwort ist hier oft auch eine Antwort. Aber nicht gleich die Flinte ins Korn werfen, es braucht natürlich auch etwas Zeit - geben Sie sich 3 - 5 Monate um einmal etwas Fuss zu fassen und erwarten Sie keine schnellen Reaktionen durch Content.

Denn Sie müssen das ansehen wie in einer Beziehung die langfristig aufbauend funktionieren soll. Das kann sie nur, wenn Sie an einem "gemeinsamen" Erfolg interessiert sind. Durch Inhalte, die Ihrem Kunden Mehrwert bieten, gewinnen Sie Vertrauen und lernen gegenseitig.

Nebeneffekt: Content Marketing und SEO

Haben Sie gewusst? Durch regelmässig veröffentlichten und relevanten Content kann man auch die organischen Suchergebnisse bei Google beeinflussen. Denn Social Content ist bereits heute ein wesentlicher Bestandteil in der Online Welt. So zeigen sich bereits heute gewisse Effekte in den Sozialen Faktoren beim Suchmaschinenmarketing sprich in der Darstellung von Suchergebnissen bei Google. Das heisst, Sie haben nicht nur einen Social Selling sondern auch einen SEO Effekt, wenn Sie guten Inhalt verbreiten. Mehr erfahren Sie im Ratgeber zur Suchmaschinenoptimierung.

Wo können Sie Ihren Content finden?

Nun haben Sie eine zeitlang gut zugehört und möchten eigene Inhalte sprich Unique Content erstellen. Wie kommen Sie denn nun auf gute Ideen, wenn Ihnen selbst die Ideen nicht aus allen Hirnwindungen sprudeln?

Google

Natürlich kann Google eine Hilfe sein, Content zu finden, es ist schliesslich die beliebteste Suchmaschine im Internet. Nutzen Sie dabei die Suchfunktion Instant Search, also wenn Sie einen Suchbegriff eingeben, wie ergänzt die Suchmaschine diesen Begriff. Oder wenn Sie einen

Suchbegriff eingegeben haben und ganz nach unten scrollen lesen Sie oft: Suchten auch nach … dies sind weitere Ergebnisse von Suchenden im Rahmen der Google Suche. Oder Sie verwenden Meta Suchmaschinen wie www.answerthepublic.com oder www.hyppersuggest.io sowie das www.w-fragen-tool.com

Pinterest

Bei der Suche nach kreativem Content ist Pinterest eine gute Quelle. Sie können sich in dem Bildernetzwerk viele Inspirationen holen, da dieser Kanal vor allem auf Ästhetik setzt und sich auch die Recherche einfach gestalten lässt.

Twitter

Mit dem Hashtag auf Twitter können Sie auch nach Themen suchen. Aktuelle Themen können mit den Twitter Trends sehr einfach gefunden werden und bieten auf 140 Zeichen oder mit weiterführenden Links sehr viel Information.

Newsletter

Es ist klar, jeder von uns wird wahrscheinlich jeden Tag von E-Mails überschwemmt, doch in dieser Informationsflut können sich auch wertvolle Informationen verstecken. Filtern Sie Ihre Newsletter und machen Sie sich die Mühe, Ihre Abonnemente durchzugehen. Sie werden merken, wo Sie Ideen sammeln können und relevante Inhalte geradewegs per Mail zugestellt kriegen.

Von anderen lernen und feedly.com

Es ist selbstverständlich erlaubt und sogar erwünscht, sich auch bei Ihren Mitbewerbern inspirieren zu lassen. Die Ideen können übernommen werden, aber müssen natürlich noch angepasst werden.

Sie können dazu auch einen Dienst abonnieren wie Feedly.com wurde schon ein paar mal erwähnt. Feedly ist ein RSS Dienst, in welchem Sie kostenlos gewisse RSS-Feeds abonnieren und zur Inspiration nutzen können. Gerade wenn Sie auf der Suche nach Themen sind, ist der Dienst hilfreich, da er weitere Profile und Feeds vorschlägt.

Do - Check -Act -

Management

Gerade im Social Selling gilt: Sie müssen Ihre
Strategie von gutem Content, den Interaktionen
und den Erwartungen und Zielen immer wieder
überprüfen. Social Selling ist kein Selbstläufer, man
muss seine Strategien immer wieder überprüfen
und auch überarbeiten. Monatliche Benchmarks
sind vor allem am Anfang Pflicht, um Ihre Erfolge
und auch Mängel in Ihrer Strategie auszuwerten.
Bevor Sie irgendwelche dieser Veränderungen
vornehmen, sollten Sie sich zunächst einmal
genauer anschauen, was und warum es passiert ist.

Sie müssen Ihre eigenen Anstrengungen evaluieren. Sehen Sie sich Ihre Anzahl der Interaktionen, ihre Qualität, Häufigkeit und Art an: sind sie progressiv? Haben Sie ihnen eine faire Chance gegeben?

Später sollten viertel- oder sogar halbjährliche Kontrollen reichen. Wenden Sie Ihre Ergebnisse auch auf Ihre Geschäftskennzahlen an. Hat Social Selling einen Einfluss?

Vielleicht brauchen Sie eine kleinere Gesamtliste. Vielleicht haben Sie zu viele Kunden, die sich nicht wirklich als solche qualifizieren und Sie müssen nochmals über die Bücher bei den Personas.

Nennenswerte Beispiele

Lockern wir die Theorie hier einmal auf mit ein paar Nennenswerten Inspirationen und Ideen. Wir schauen an, welche Kanäle sind vertreten, was ist der Content und wie wird interagiert und "verkauft".

Lindt

Ein gutes Beispiel, wie Social Selling umgesetzt werden kann, ist beispielsweise Lindt.

Lindt ist auf folgenden Kanälen aktiv vertreten: Facebook, LinkedIn, Instagram, Google+, Twitter und YouTube.

Lindt überzeugt auf jedem Kanal mit Profilbild und Header.

Das Unternehmen verwendet jedes Bild nur einmal, zieht den Stil aber durch jeden Kanal komplett durch. Das Profilbild ist bis auf YouTube immer der

Lindt Maître Chocolatier mit seiner Kelle, den man auch aus der klassischen Werbung kennt. Der Winkel und Ausschnitt unterscheidet sich in jedem Profilbild. Der Wiedererkennungswert wird bei jedem Profil hochgehalten.

Viele von ihren Beiträgen sind Wettbewerbe, bei denen man beispielsweise ein Schokoladenpaket oder Tickets für ZFF gewinnen kann. Roger Federer ist ein Werbegesicht von Lindt, und wird ebenfalls viel erwähnt. Lindt geht mit dem Trend und den Jahreszeiten. Ebenfalls posten Sie nicht dieselben Beiträge auf ihren Kanälen.

Lindt verifiziert sich mit einem blauen Haken, dass jeder Nutzer direkt weiss, dass er auf dem richtigen Profil gelandet ist. Name ist Lindt, Benutzername @LindtSwitzerland. Sie haben eine Website-URL, Adresse und Telefonnummer hinterlegt, schnell ersichtliche Kontaktdaten.

Das Profilbild ist der Maître Chocolatier mit seiner Keller, das Headerbild ein Video, das im typisch altmodisch-klassischen Lindt-Stil gefilmt ist. Es zeigt die Herstellung der Schokolade und löst schnelle Wiedererkennung wie auch eventuelle Kindheitserinnerungen und Lust aus.

Sie posten alle 3-5 Tage einen neuen Beitrag, manchmal auch mehrmals täglich.

Lindt interagiert aktiv mit seinen Followern. Jeder Kommentar erhält ein "Gefällt-mir" oder eine andere Reaktion von Lindt und sie antworten innerhalb weniger Stunden auf Kommentare.

Auf negative Kritik reagieren sie freundlich, Beispiel dafür:

Beatrice Steiner Die mit 90% Kakao schmeckt fürchterlich 🤮
Gefällt mir · Antworten · 28. September um 17:09

 Lindt 🍫 Liebe Beatrice, Geschmäcker sind verschieden 😋
Vielleicht findest du aber deinen zartschmelzenden Favoriten in
unserem Online-Shop: http://www.lindt.ch/de/shop/ Liebe Grüsse,
Jacqueline vom Lindt Team

Privatkunden

Lindt & Sprungli online chocolate shop | Choose
from a delicious selection of the best Lindt &...

LINDT.CH

Gefällt mir · Antworten · 🔴 1 · 29. September um 09:07

Lindt LinkedIn

Auf LinkedIn ist Lindt als Lindt & Sprüngli Gruppe

vertreten.

Ihr Auftritt ist seriöser als auf den anderen Kanälen,

was auch so sein sollte. Das Profilbild ist ihr Logo,

das Headerbild Ihre Produktionsfabrik von Aussen.

Sie haben eine ausführliche Beschreibung auf Englisch von sich gepostet, sowie aktuelle Jobangebot auf der ganzen Welt aufgeführt.

Sie haben einen zusätzlichen Reiter "Unternehmenskultur" auf dem sie ein Video zur Geschichte veröffentlicht haben und unten verschiedene Statistiken und Texte zur Firma schreiben.

Lindt Instagram

Lindt nennt sich auf Instagram Lindt Switzerland, Benutzername @lindt_switzerland. Auch hier gibt es die Möglichkeit, sich eine Wegbeschreibung anzeigen zu lassen oder Lindt anzurufen.

Als Profilbild verwendet Lindt auch hier den Maître

Chocolatier, auch hier aus einem anderen Winkel.

Instagram bietet keine Möglichkeit für ein

Headerbild, weswegen es hier natürlich wegfällt.

Dadurch das Instagram vor allem über

Smartphones verwendet wird, ist ein Profil hier

übersichtlicher gestaltet, sodass man das ganze

Profil gleich auf einen Blick erfassen kann.

In der Beschreibung über sich schreibt: Lindt -

Maître Chocolatier Suisse depuis 1845, was auch in

der klassischen Werbung ihr Slogan ist und sowohl

Swissness wie auch das langjährige Bestehen

nochmal manifestiert. Lindt hat ebenfalls Links integriert, was bereits eine weitere Interaktion mit dem User ist.

Sie posten alle 3-5 Tage einen neuen Beitrag, manchmal auch mehrmals täglich. Im Gegensatz zu Facebook kommuniziert Lindt hier auf Englisch, was auf Instagram auch gang und gäbe ist.

Auch hier reagiert das Unternehmen schnell auf Kommentare und Anregungen.

Auf Twitter verwendet Lindt den Namen Lindt Chocolate und @Lindt. Nur der Website Link ist ersichtlich.

Als Profilbild wie bereits bekannt, der Maître Chocolatier. Der Header gestalten Sie hier schlicht, uni in gold.

Momentan benutzt Lindt den Kanal vor allem, um auf Kundenanfragen zu antworten oder auf Ihren Kundendienst hinzuweisen. Es gibt aber auch Posts für Werbung und Rezepte.

Lindt nennt sich hier Lindt Chocolate World, das Profilbild ist hier das Lindt-Logo, der Heade der altbekannte Maître Chocolatier.

Beiträge werden mehrmals pro Monat bis hin zu jeden Monat veröffentlicht. Die Videos sind unterschiedlich, vor allem pädagogisch. Anleitungen, wie Schokolade hergestellt wird und wie Sie in Ecuador die Bauern unterstützen.

Nespresso

Nespresso ist auf folgenden Kanälen aktiv vertreten: Facebook, LinkedIn, Instagram, Google+, Pinterest, Twitter und YouTube.

Nespresso zieht einen konstanten Look durch. Das Profilbild ist auf jedem Kanal das Logo. Auch der Header ist nur bei Facebook und LinkedIn ein anderer, ansonsten ein stetig die bekannten Kaffeekapseln auf braunem Sand. Der Wiedererkennungsfaktor ist also hoch.

Auch Nespresso arbeitet mit vielen Wettbewerben,

Facts über die Nachhaltigkeit von Nespresso und

einigen Werbebeiträgen.

Nespresso Facebook

Auf Facebook gibt sich das Unternehmen ein

wenig moderner. Profilbild ist der Standard, der

Header ein Bild von einer aktuellen Kollektion.

Unter dem Namen Nespresso, Benutzername

Nespresso_ch geben sie eine Telefonnummer,

Direktlink zum Messenger sowie Ihre Website-URL

bekannt.

Beiträge werden alle 3-5 Tage veröffentlicht.

Nespresso interagiert ebenfalls rege mit seinen

Fans.

Nespresso LinkedIn

Nespresso ist auf LinkedIn als Nestlé Nespresso SA

und kommuniziert auf englisch. Sie haben eine

umfangreiche Beschreibung, sowie

Stellenangebote und regelmässige Blogposts.

Nespresso Instagram

Nespresso, auf Instagram schlicht Nespresso

benannt, ist sehr aktiv auf Instagram. Sie haben nur

eine Wegbeschreibung auf Ihrem Profil, sowie

einen Link, der auf die Nespresso Website verlinkt.

Jedoch nicht auf die Hauptseite, sondern auf eine

Seite mit Rezeptideen. Das passt wiederum sehr

gut auf den Kanal, der hauptsächlich auf Ästhetik

ausgerichtet ist.

Sie posten täglich bis alle paar Tage und antworten

schnell und hilfsbereit.

Nespresso Twitter

Nespresso Global auf Twitter, @Nespresso schreibt

über sich: Share with us your pictures, comments,

suggestions or any other thoughts you might have.

Sie fordern aktiv zur Interaktion auf und verlinken

auch Ihre Website. Sie twittern täglich und und

antworten sehr schnell und in jeder Sprache.

Nespresso lädt täglich neue Videos auf YouTube hoch, vor allem Werbevideos und Videos über Nachhaltigkeit.

Zusammenfassung

Was müssen Sie nun konkret tun um Social Selling

zu betreiben? Nun alles startet mit der Frage: was

wollen Sie erreichen und haben Sie dazu die

nötigen Grundlagen: Wissen, professionelles Profil,

Content der das Ganze wiederspiegelt. Dann

müssen Sie als erstes vor allem zuhören, lernen und

verstehen, was denn spannend sein könnte, sprich

hilfreich und Nutzenstiftend für Ihre Persona.

Grenzen Sie dann die Persona enger ein: je

spezifischer umso besser, je genauer desto

zielgerichteter. Spielen Sie dann regelmässig und

gezielt unique Content aus und teilen Sie diesen

auf Ihren Profilen oder in Direktnachrichten. Suchen

Sie stets den Dialog und nie den Verkauf. Hören Sie auch weiterhin gut zu und bauen Sie sich langfristig eine Reputation auf, die auf Vertrauen und gemeinsamen Weiterkommen basiert. Fangen Sie dann erst an, Ihre Angebote zu erweitern. Zum Beispiel mit einem ausführlicherem Blog, mit der Möglichkeit vertiefte Informationen über Inbound Funktionalitäten zu erhalten (Content gegen E-Mail Adresse mit Double Opt In), verknüpfen Sie dann dieses Funnels mit E-Mail Automationen und bespielen Sie dann diese E-Mail Adressen direkt mit spannendem Content - vergessen Sie dabei aber nie die direkte Ansprache über Soziale Netzwerke und die Rückschlüsse die sich Ihnen bieten um eine Verbindung herzustellen. Denn am

Ende der Woche zählt nicht die Anzahl der E-Mails in der Inbox, die Anzahl Likes oder Abonnenten die Sie ansprechen konnten und Ihnen nun folgen: es zählen die Gespräche und Dialoge, welche Ihnen und Ihren Gesprächspartnern wirklich einen Mehrwert gebracht haben, Gespräche an die man sich erinnert und die man gerne von Online zu Offline verlegt - dann können Sie mit Gut und Recht von sich sagen: Jetzt habe ich Social Selling verstanden.

PS: *wir freuen uns wenn Sie hier angelangt sind, wenn Sie uns auch eine Nachricht oder Rezession da lassen - offen für Feedback und Dialog, sind wir jetzt schon gespannt auf Ihren Beitrag. Danke.*

Über den Autor

Roger L. Basler de Roca ist Betriebsökonom FH und Unternehmens-Architekt. Er ist Referent und Autor seit mehreren Jahren und bekannt für innovative und digitale Geschäftsmodelle.

Als Digital Native mit einer Vorliebe für Sprachen und fremde Länder war er lange als Berater im Ausland (u.a China, USA, Naher Osten sowie Nordeuropa) tätig.

In seiner Funktion als Unternehmens- Architekt steht er etablierten Unternehmen und Startups in der Schweiz, Deutschland und Österreich in den

Bereichen Business-Development, Digitales

Marketing und e-Commerce als Sparringpartner

und unternehmerisch beteiligter Berater zur Seite.

Sie erreichen ihn via

www.unternehmens-architekt.ch sowie

www.analytics-agentur.ch oder via Twitter oder

LinkedIn

Haftungsausschluss

aller Inhalte wurde unter grösster Sorgfalt

erarbeitet. Dennoch können Druckfehler und

Falschinformationen nicht vollständig

ausgeschlossen werden. Der Autor übernimmt

keine Haftung für die Aktualität, Richtigkeit und

Vollständigkeit der Inhalte des Buches, ebenso

nicht für

Druckfehler. Es kann keine juristische

Verantwortung sowie Haftung in irgendeiner Form

für fehlerhafte Angaben und daraus entstandenen

Folgen vom Autor übernommen werden.

Für die Inhalte von den in diesem Buch

abgedruckten Internetseiten sind ausschliesslich

die Betreiber der jeweiligen Internetseiten

verantwortlich.

1. Auflage Dezember 2017

Autor, Herausgeber, Redaktion, Satz, Gestaltung (inkl. Umschlaggestaltung), Texte, Bilder, Titelbild: Roger Basler und Lea Mäder. Profilbild: Andrea Monica Hug.

Buchempfehlung

Instagram fuer Unternehmen:

Was Sie als Unternehmen ueber Instagram

wissen muessen - Taschenbuch

Alles was Sie als Unternehmen und Unternehmer über Instagram wissen müssen. Instagram gehört zu den weltweit meistgenutzten sozialen Plattformen. Bilder und Videos sind heutzutage selbstverstaendlich im Content enthalten und bringen Ihnen vielversprechendes Engagement. Vielfach wird jedoch das Betreiben einer sozialen Plattform wie Instagram unterschaetzt. Instagram wird Ihnen erst nuetzen, wenn Sie genau wissen, wie Sie es verwenden muessen.

Jetzt mehr erfahren auf Amazon